Tiburones y delfines

Un libro de comparación y contraste

por Kevin Kurtz

Este es un tiburón.

tiburón tigre

Este es un delfín.

delfín naríz de botella

En algunas cosas, son similares.
En otras cosas, son diferentes.

Los tiburones y los delfines viven en el océano.

tiburón toro

Ambos tienen cuerpos en forma de torpedo para cortar a través del agua. Tienen aletas en los mismos lugares, en los costados y en la cola, para ayudarlos a nadar rápidamente.

delfín girador

Aunque, los tiburones y los delfines no son la misma clase de animales.

Los tiburones son peces.

tiburón limón

caballito de mar

corcorbado de pluma

También lo son estos animales.

pez payaso

pez ángel

Los delfines son mamíferos.

delfín pío

león

jirafa

También lo son estos animales.

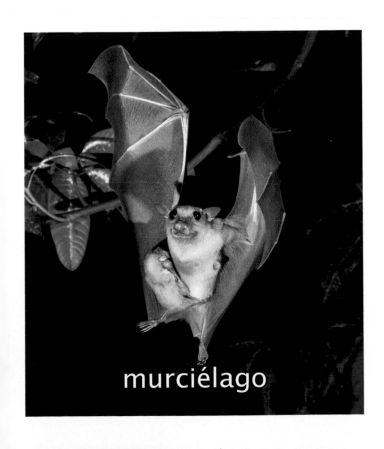

murciélago

humano

tiburón sedoso

Como otros peces, los tiburones respiran debajo del agua. Respiran mediante sus branquias.

delfín común

Como otros mamíferos, los delfines respiran fuera del agua. Respiran mediante sus pulmones y un espiráculo.

tiburón martillo gigante

Existen más de cuatrocientas especies de tiburones.

pez sierra

tiburón mako

tiburón blanco

Todos viven en el océano.

tiburón azotador

tiburón mielga

delfín del Pacífico de lados blancos

Existen treinta y ocho diferentes especies de delfines que viven en el océano.

delfin naríz de botella

delfín del Amazonas

También hay cinco especies de delfines que viven en agua fresca de los ríos.

Los tiburones más grandes son los tiburones ballena. Pueden medir hasta sesenta pies de largo.

Los delfines más grandes son las orcas. Pueden medir treinta y dos pies de largo.

Los tiburones y los delfines son algo similares pues son depredadores. Ambos comen peces y otros animales.

tiburón punta negra

delfín pintado

Los tiburones y los delfines tienen dientes filosos para atrapar a sus presas.

tiburón tigre de arena

Los tiburones tienen muchas hileras con dientes. Siempre les están creciendo dientes nuevos.

delfín rosado de Hong Kong

**Los delfines solo tienen una hilera de dientes.
Mantienen sus mismos dientes durante toda su vida.**

tiburón de arrecife de punta blanca

Tanto los tiburones como los delfines son importantes. Mantienen la población de otros animales. El océano no podría mantenerse saludable sin ellos.

delfin naríz de botella

Para las mentes creativas

Diagrama de Venn

Un **diagrama de Venn** está hecho de círculos que se sobreponen y muestra cómo dos cosas son iguales y diferentes, a la vez. En el diagrama de Venn que ves a continuación, un círculo muestra características que corresponden a los peces y el otro muestra características que corresponden a los mamíferos. Al centro, donde los círculos están sobrepuestos, hay características que, tanto los peces como los mamíferos, tienen en común.

Peces
- son de sangre fría
- viven en el agua
- respiran por medio de branquias
- ponen huevos o dan a luz a sus crías

- son animales
- tienen una espina dorsal
- necesitan oxígeno
- crean nuevos animales como ellos (se reproducen)

Mamíferos
- son de sangre caliente
- tienen piel con pelaje
- respiran con sus pulmones
- dan a luz a sus crías vivas (vivíparos)

Haz tu propio diagrama de Venn o fotocopia el que se encuentra en la página web (Teaching Activity Guide) para comparar a los tiburones y a los delfines.

Un mundo sin tiburones y delfines

Un depredador es cualquier animal que caza otros animales (presa) para comer. Los depredadores son una parte importante de la red alimenticia. Si los depredadores que se encuentran al principio de esta red desaparecen, afecta todo el ecosistema. ¿Qué pasaría si los tiburones y los delfines no fueran parte de la red alimenticia del océano?

Pon en orden los siguientes eventos para descifrar la palabra en inglés que significa "océanos".

 Sin tantos peces pequeños y peces comedores de algas, no habría nada para frenar su crecimiento. Ellas son importantes para la salud del océano, pero demasiadas algas pueden sofocar los arrecifes de coral.

 Los tiburones y los delfines cazan animales del océano medianos, incluyendo calamares, focas, mantarrayas, y peces grandes. Si los tiburones o los delfines desaparecieran, esos animales medianos del océano tendrían menos depredadores. Su población crecería.

 Si los arrecifes de coral y los animales que ellos mantienen desaparecieran, los humanos de todo el mundo que son pescadores, no podrían atrapar tantos peces.

 Si los pescadores no atraparan demasiados peces, mucha gente tendría hambre. Tres billones de personas (casi la mitad de la población del mundo) dependen de los mariscos como parte de su dieta.

 Todos esos animales del océano que son medianos necesitarían mucha comida para comer. Ellos cazarían por demás la vida marina más pequeña que se alimenta de las algas, medusas y plancton. Los animales de tamaño medio podrían empezar a desaparecer.

 Los arrecifes de coral se sofocarían por las algas y se enfermarían hasta morir. Los arrecifes de coral son una parte del hábitat del océano. Si los arrecifes murieran, esos animales también desaparecerían.

Respuesta: OCEANS

Tiburones

Une las etiquetas de la parte del cuerpo en el lugar que le corresponde al tiburón. Las respuestas se encuentran al inferior.

Aletas dorsales: la aleta en la espalda del tiburón, le ayuda a estabilizar su cuerpo en el agua.

Ojo: el órgano en la parte frontal de la cara del tiburón que usa para poder ver.

Branquias: aperturas en los costados del tiburón que le permiten tomar el oxígeno del agua.

Aletas pectorales: las aletas a los costados de los tiburones.

Aleta pélvica: la pequeña aleta debajo del estómago del tiburón.

Hocico: la parte de la cara del tiburón que sobresale de su cuerpo.

Aleta de cola: la aleta vertical al final del cuerpo del tiburón.

Los animales utilizan sus sentidos para aprender acerca del mundo que los rodea. Los tiburones tienen un sentido especial que se llama **electrorrecepción**. Tal y como muchos animales que perciben la luz o el sonido, los tiburones pueden percibir la electricidad.

Cuando un animal se mueve, sus músculos se flexionan. Esto crea una pequeña carga eléctrica. La electricidad se mueve con facilidad a través del agua salada.

Los tiburones sienten (perciben) la electricidad en el agua para encontrar a su presa.

Answers: A-hocico. B-ojo. C-branquias. D-aletas pectorales. E-aletas dorsales. F-aleta pélvica. G-aleta de cola

Delfines

Une las etiquetas de la parte del cuerpo en el lugar que le corresponde al delfín. Las respuestas se encuentran al inferior.

Pico (naríz): parte de la cara del delfín que sobresale al frente de su cuerpo.

Espiráculo: la apertura en la espalda del delfín que le permite tomar el oxígeno del aire.

Aleta dorsal: la aleta en la espalda del delfín, utilizada para estabilizar el cuerpo en el agua.

Ojo: el órgano en la parte frontal de la cara del delfín que usa para poder ver.

Aleta de cola: la cola horizontal al final del cuerpo del delfín.

Aletas pectorales: las aletas a los costados de los delfines.

Mira las partes del tiburón en la hoja anterior: ¿Qué partes tienen en común los tiburones y los delfines? ¿Qué partes son similares pero tienen diferentes nombres? ¿Qué partes del cuerpo tienen los tiburones pero no los delfines, o viceversa?

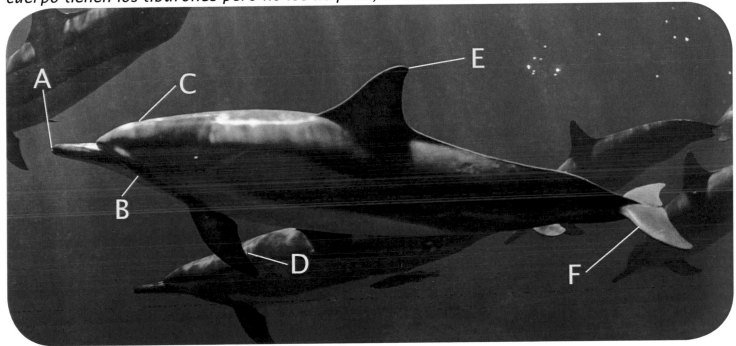

Los delfines utilizan la **ecolocación** para hacer un mapa de sus alrededores. Ellos dependen demasiado en su percepción del sonido. Los delfines hacen un sonido agudo y luego, escuchan los ecos.

El sonido se mueve en forma de ondas. Cuando choca contra un objeto, rebota. A esto se le llama eco. El sonido del eco indica al delfín en qué tipo de cosa rebotó. El tiempo que tarda el eco a volver al oído de los delfines le indica a qué distancia se encuentra el objeto.

Los delfines utilizan su sentido del oído para encontrar a su presa.

La cubierta diseñada y retocada (con fotoshop) por Mark Lawrence.
Con agradecimiento a Shelley Dearhart, del South Carolina Aquarium, por verificar la información de este libro.

Library of Congress Cataloging-in-Publication Data

Names: Kurtz, Kevin, author. | Toth, Rosalyna, translator. | Kaiser, Federico, translator.
Title: Tiburones y delfines : un libro de comparacibon y contraste / por Kevin Kurtz ; traducido por Rosalyna Toth en colaboracibon con Federico Kaiser.
Other titles: Sharks and dolphins. Spanish
Description: Mount Pleasant, SC : Arbordale Publishing, [2016] | Series: Compare and contrast series | Audience: Ages 4-8. | Includes bibliographical references. | Description based on print version record and CIP data provided by publisher; resource not viewed.
Identifiers: LCCN 2015038176 (print) | LCCN 2015037184 (ebook) | ISBN 9781628557602 (Spanish Download) | ISBN 9781628557749 (Span. Interactive) | ISBN 9781628557534 (English Download) | ISBN 9781628557671 (Eng. Interactive) | ISBN 9781628557466 (spanish pbk.) | ISBN 9781628557602 (spanish downloadable ebook) | ISBN 9781628557749 (spanish interactive dual-language ebook) | ISBN 9781628557329 (english hardcover) | ISBN 9781628557398 (english pbk.) | ISBN 9781628557534 (english downloadable ebook) | ISBN 9781628557671 (english interactive dual-language ebook)
Subjects: LCSH: Sharks--Juvenile literature. | Dolphins--Juvenile literature. | Marine animals--Juvenile literature.
Classification: LCC QL638.9 (print) | LCC QL638.9 .K8718 2016 (ebook) | DDC 591.77--dc23
LC record available at http://lccn.loc.gov/2015038176

Título original en Inglés: *Sharks and Dolphins: A Compare and Contrast Book*
Traducido por Rosalyna Toth en colaboración con Federico Kaiser.

Bibliografía:
Cahill, Tim. Dolphins. National Geographic Books: 2000.
Connor, Richard C. The Lives of Whales and Dolphins. Henry Holt: 1994.
Parker, Steve and Jane. The Encyclopedia of Sharks. Firefly Books: 1999.

Créditos de fotografía:

cubierta	Yuri Checcucci, Thinkstock
cubierta	mel-nik, Thinkstock
página del título	Olgysha, Shutterstock
tiburón tigre	nicolas.voisin44, Shutterstock
delfín naríz de botella	U.S. Fish and Wildlife Service
tiburón toro	Matt9122, Shutterstock
delfín girador	Shin Okamoto, Shutterstock
tiburón limón	nicolas.voisin44, Shutterstock
caballito de mar	Lydia Jacobs, public domain
corcorbado de pluma	Yann hubert, Shutterstock
pez payaso	Petr Kratochvil, public domain
pez ángel	Lilla Frerichs, public domain
delfín pío	Rich Lindie, Shutterstock
león	George Hodan, public domain
jirafa	Anna Langova, public domain
murciélago	Ivan Kuzmin, Shutterstock
humano	S. Lopez, public domain
tiburón sedoso	Sergey Dubrov, Shutterstock
delfín común	Jamen Percy, Shutterstock
tiburón martillo gigante	nicolas.voisin44, Shutterstock
pez sierra	Petr Kratochvil, public domain
tiburón mako	Greg Amptman, Shutterstock
tiburón blanco	Willyam Bradberry, Shutterstock
tiburón azotador	nicolas.voisin44, Shutterstock
tiburón mielga	Boris Pamikov, Shutterstock
delfín del Pacífico de lados blancos	Tom Kieckhefer, NOAA
delfín naríz de botella	vkilikov, Shutterstock
delfín del Amazonas	Erni, Shutterstock
tiburón ballena	Andrea Izzotti, Shutterstock
orca	Tatiana Ivkovich, Shutterstock
tiburón punta negra	Ruth Black, Shutterstock
delfín pintado	Willyam Bradberry, Shutterstock
tiburón tigre de arena	Dray van Beeck, Shutterstock
tiburón tigre de arena	momopixs, Shutterstock
tiburón de arrecife de punta blanca	Kjersti Joergensen, Shutterstock
bottlenose dolphin	Willyam Bradberry, Shutterstock

Elaborado en los EE.UU.
Este producto se ajusta al CPSIA 2008

Arbordale Publishing
Mt. Pleasant, SC 29464
www.ArbordalePublishing.com